TAKING LAND

Crimea 2010

Alban Kakulya

Patriotic and nostalgic songs are sung in the streets of Sevastopol on the ninth of May, the anniversary of Crimea's liberation

Environment and Security in Crimea

L'environnement et la sécurité en Crimée

Introduction by Otto Simonett

ENVIRONMENT AND SECURITY IN CRIMEA

In the East as in the West, Crimea evokes images of a holiday resort, with its mild climate and seemingly endless beaches; a place for retreat and reflection, where the elite might make decisions of global geopolitical significance, as in the Yalta Conference of 1945. The Soviet and Russian writer Vasily Aksyonov in his novel *The Island of Crimea* (Остров Крым, 1979) simply detached it from the mainland and created a fictitious capitalist paradise.

Behind this image, the Autonomous Republic of Crimea, belonging to the Ukraine today, has a very rich and complex history, best known to the world for the Russian Black Sea fleet stationed in Sevastopol on Ukrainian territory, and, the Crimean Tatars. The Crimean Tatar's Khanate was founded in the 15th century and existed under Ottoman protection until it was annexed by the Russian empire after the Russo-Turkish wars at the end of the 18th century. The mass deportations of Crimean Tatars to Central Asia under Stalin's rule in 1944 caused grievances that continue to dominate the life of the Tatars today, many of whom have since returned to their homeland.

Our entry point into Crimea is to study where environmental and security issues overlap. To what extent can environmental problems contribute to insecurity in the region and, to look at the flipside, how can cooperation on environmental issues build bridges in conflict situations? Zoï Environment Network is a non-profit organisation, working with the United Nations, the governments

L'ENVIRONNEMENT ET LA SÉCURITÉ EN CRIMÉE

À l'est, comme à l'ouest, la Crimée évoque des images du sud, un climat doux, des plages sans fin et des stations balnéaires. Un lieu où se retirer et réfléchir, un endroit pour prendre des décisions d'importance géostratégique, comme ce fut le cas à la conférence de Yalta en 1945. Dans son roman *L'Île de Crimée* (Остров Крым, 1979), l'écrivain russe Vassili Axionov a simplement détaché la péninsule du continent et inventé une sorte de paradis fictif du capitalisme.

Derrière cette image, la République autonome de Crimée, qui aujourd'hui fait partie de l'Ukraine, a un passé riche et complexe. Pour le monde extérieur, ses aspects les mieux connus sont peut-être la flotte russe de la mer Noire, basée à Sébastopol, en territoire ukrainien, et les Tatars de Crimée. Le khanat de Crimée, fondé au 15e siècle, s'est maintenu sous protection ottomane jusqu'à son annexion par l'Empire russe, suite aux guerres russo-turques de la fin du 18e siècle. La déportation en masse de la population tatare de la Crimée vers l'Asie centrale en 1944, a laissé des griefs qui continuent à dominer la vie des Tatars, dont un grand nombre est revenu au pays depuis.

Comme point d'entrée en Crimée, nous prenons les relations entre l'environnement et la sécurité. Dans quelle mesure les problèmes d'environnement contribuent-ils à l'insécurité et, inversement, la coopération autour d'enjeux environnementaux peut-elle rapprocher les différents partis en cas de situation conflictuelle ? Zoï Environment Network est une organisation

and the people on the ground in their common endeavour to shed some light onto these complex relations. We achieve this through participatory assessments that describe the quantity and quality of environmental risks and how they might interact with security risks. Knowing the facts certainly contributes towards bringing the people together to work on solutions.

In our everyday work we make extensive use of maps which integrate and communicate the spatial web of environment and security in the most elegant fashion. So far we have tended to shy away from using photography in our publications because we are all too aware of the difficulties of the medium. It is far too tempting — and easy — to try to 'frame' a message with a catchy picture, showing 'pollution', 'conflict' or 'poverty'. Many international organisations rely on this form of shorthand photography, in the best case sending their own photographers with clear instructions, which can of course mean deciding the story in advance, in the worst case downloading everything from image banks on the internet.

With the photographs of Alban Kakulya, we believe we have found an approach for illustrating environment and security in a meaningful way. His watchful, respectful, and above all, graceful images reveal a land at once contemporary and ancient, transparent yet mysterious. Of course, it is the people who matter; the Tatars, Ukrainians and Russians whose combined histories make this place what it is, the fascinating peninsula that remains their home.

Otto Simonett is the director of Zoï Environment Network.

THE PHOTOGRAPHS IN THIS BOOK FORM PART OF A PROJECT COMMISSIONED BY THE ENVIRONMENT AND SECURITY INITIATIVE (ENVSEC)

à but non lucratif qui soutient l'Organisation des Nations unies, les gouvernements et les populations sur le terrain, dans leurs efforts conjoints d'éclaircir ces relations complexes. Notre intervention prend la forme d'évaluations participatives qui décrivent la quantité et la qualité des risques environnementaux, et la façon dont ils se conjuguent avec les risques en matière de sécurité. Connaître les faits réels contribue certainement à rapprocher les acteurs dans la recherche de solutions communes.

Dans notre travail quotidien, nous utilisons beaucoup les cartes qui intègrent et communiquent très bien le maillage spatial de l'environnement et de la sécurité. Jusqu'à présent, nous avons évité l'utilisation de la photographie dans nos publications, étant bien conscients des difficultés de ce support : il est bien trop tentant — et trop facile — de cadrer un message avec une image accrocheuse faite de pollution, de conflit et de pauvreté. Les organisations internationales, en particulier, font grand usage de ce genre de photos, au mieux en envoyant leurs propres photographes avec des instructions précises, au pire en téléchargeant l'ensemble des images sur internet.

Avec les photographies de Alban Kakulya, nous pensons avoir trouvé une approche qui illustre de façon parlante la relation entre l'environnement et la sécurité. En définitive, ce qui compte, ce sont les gens, les Tatars, les Ukrainiens et les Russes qui veulent vivre sur la péninsule.

Otto Simonett est le directeur de Zoï Environment Network.

LES PHOTOGRAPHIES PRÉSENTÉES DANS CE LIVRE ONT ÉTÉ PRISES AU COURS D'UN PROJET DE L'INITIATIVE ENVIRONNEMENT ET SÉCURITÉ (ENVSEC)

Demographics

The size (%) of major ethnic groups from 1897–2001

1897

RUSSIANS · CRIMEAN TATARS · JEWS · GERMANS · GREEKS · POLES · ARMENIANS · BULGARIANS · KARAITES

1926

RUSSIANS · CRIMEAN TATARS · UKRAINIANS · JEWS · GERMANS · GREEKS · BULGARIANS · POLES · ARMENIANS · KARAITES · BELARUSIANS · OTHERS

1939

RUSSIANS · CRIMEAN TATARS · UKRAINIANS · JEWS · GERMANS · GREEKS · BULGARIANS · POLES · ARMENIANS · KARAITES · BELARUSIANS · OTHERS

1979

RUSSIANS · UKRAINIANS · BELARUSIANS · CRIMEAN TATARS · JEWS · TATARS · OTHERS

1989

RUSSIANS · UKRAINIANS · BELARUSIANS · CRIMEAN TATARS · JEWS · TATARS · ARMENIANS

2001

RUSSIANS · UKRAINIANS · CRIMEAN TATARS · BELARUSIANS · TATARS · ARMENIANS · OTHERS

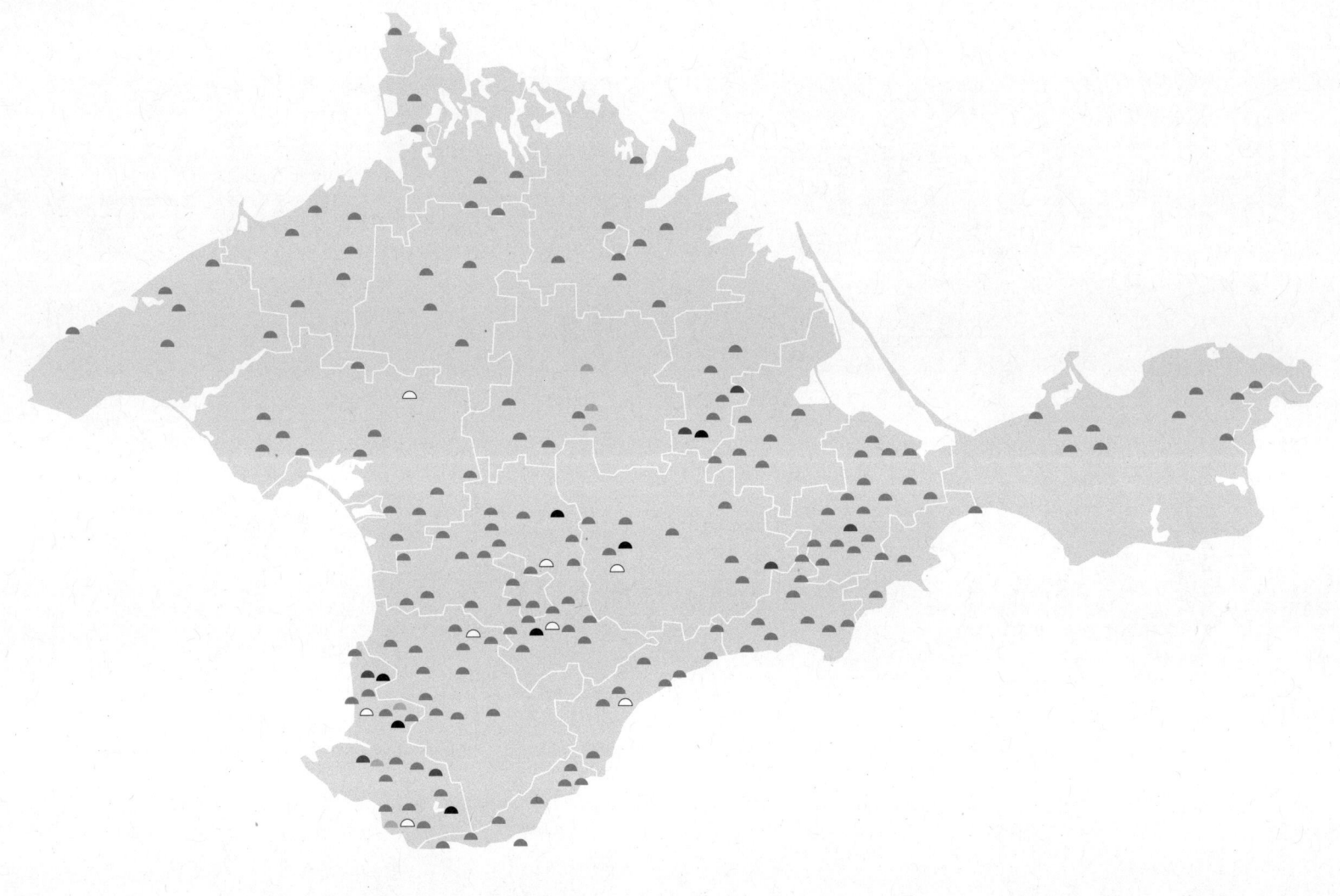

Location of repatriates

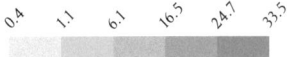

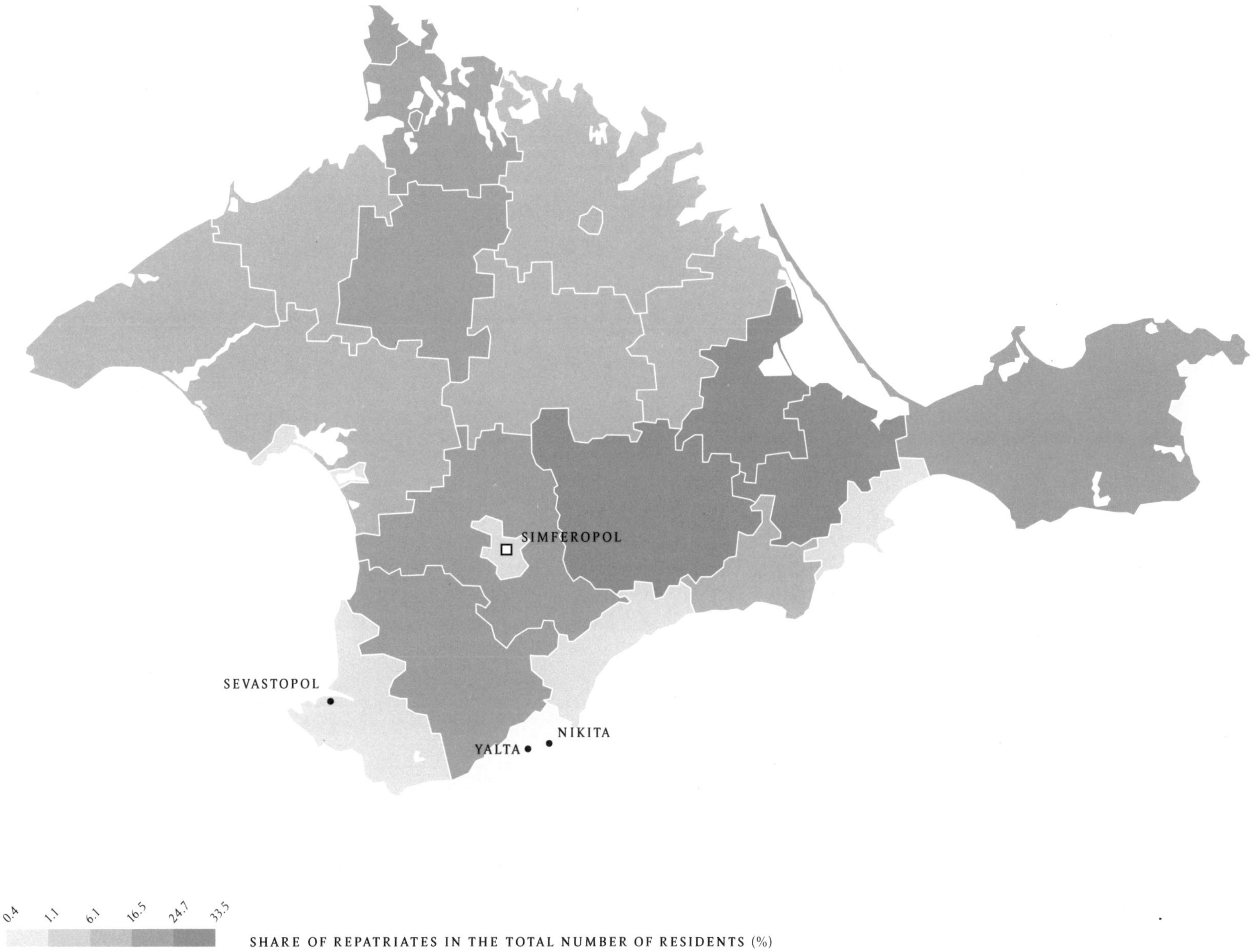

SHARE OF REPATRIATES IN THE TOTAL NUMBER OF RESIDENTS (%)

Crimea

A view over the city of Yalta through the clouds and Ay-Petri Mountain

Young people convene in a square overlooking the port of Sevastopol

A waitress on her break in Sevastopol

Scaffolding in Balaklava, a town in the district of Sevastopol

The Titan factory, which extracts titanium dioxide to produce industrial white paint, is surrounded by its discarded white waste

A tourist glances down from a precipice of Ay-Petri Mountain

The old town of Simferopol

A group of tourists take in the view of the port of Sevastopol

The path to the peak of Ay-Petri Mountain is marked by painted arrows

A pier jutting out into the Black Sea

A billboard advertises the anniversary of 'Deportation Day',
when Tatars were deported by Stalin in 1944

Guardians of the Stones   Les Gardiens de Pierres

Essay by Alban Kakulya

The bus stop in Nikita, where the world's longest trolleybus line (86km) runs

GUARDIANS OF THE STONES   Crimea is an in-between world, a peninsula still tied by a thread to Ukraine yet on the verge of drifting away at any moment. In its attempt to sail off southwards it pushes out into the Black Sea, its cliffs plunging into the waves opposite the distant shores of Turkey. In sociological terms Crimea could well be an island. A part of Ukraine by bequest, its heart is nevertheless Russian, and its soul Tatar. Historically it has served as an arena for bitter disputes. Its earliest known inhabitants, the Crimean Tatars, were widely respected and feared as great warriors and slave traders, holding sway over the Slav population until the mid-18th century. Greater Russia subsequently worked hard to remove all traces of Tatar identity, colonising the peninsula and driving the indigenous population out, towards the Ottoman Empire. After the Crimean War (1853–56) Russia was forced to give up the Bosphorus and the Dardanelles straits, as well as its plans for further expansion into the Mediterranean, yet it managed to turn Crimea into a seaside holiday resort where aristocrats, and later, party *nomenklatura*, could stay for awhile to forget the harsh climate of the great northern cities.

The Tatar population became a negligible minority, hardly mentioned until 18 May 1944 when Joseph Stalin decided to punish the remaining representatives of this down-trodden community, and various other ethnic groups, for allegedly cooperating with the Nazi foe. In a single night, 200,000 Tatars were deported to Kazakhstan or Uzbekistan, forced to give up their homes, land and

LES GARDIENS DE PIERRES   La Crimée est un entre-deux-mondes, une presqu'île encore attachée par un lien ténu à l'Ukraine dont elle semble vouloir s'éloigner. Dans sa tentative de prendre le large vers le sud, elle s'élance dans la mer Noire pour voir finalement ses falaises tomber à pic face à la lointaine Turquie. Sociologiquement, la Crimée pourrait bien être une île. Ukrainienne par legs, son cœur n'en est pas moins russe et son âme tatare. Historiquement, elle a été le théâtre d'âpres disputes et ses habitants d'origine, les Tatars de Crimée, craints et respectés, grands guerriers et vendeurs d'esclaves, ont soumis les peuples slaves jusqu'au milieu du 18e siècle. Plus tard, la Grande Russie s'est appliquée à faire disparaître l'identité tatare en colonisant la péninsule et en repoussant ses natifs vers l'Empire ottoman. Même si elle dut abandonner Bosphore et Dardanelles, ainsi que ses visées expansionnistes vers la Méditerranée à la suite de la guerre de Crimée, la Russie fit de cette terre la station balnéaire où aristocrates et, plus tard, membres du parti allèrent oublier pour quelque temps le climat trop rigoureux des grandes villes du nord.

La population tatare devint minorité négligeable et l'on ne devait plus trop en entendre parler jusqu'au 18 mai 1944, moment où Staline décida de punir les derniers de ses représentants, ainsi que nombre d'autres peuples, de leur supposée collaboration avec l'ennemi nazi. 200 000 Tatars déportés en une seule nuit vers le Kazakhstan ou vers l'Ouzbékistan ont laissé leur terre, leurs écoles et leurs maisons aux familles russes, qui s'y sont installées dès la fin de la Deuxième Guerre mondiale. Même si les années Khrouchtchev (1953–1964)

schools to Russian families who settled there at the end of the Second World War. Although the Tatars regained a degree of recognition and legitimacy under Nikita Khrushchev (who ruled the USSR from 1953–64), the majority of them were only able to return to Crimea after the break-up of the Soviet Union in the 1990s.

The road that runs from Simferopol, the capital of the Autonomous Republic of Crimea, to Sevastopol, a port with a glorious past, cuts straight across the fields, only allowing itself a few bends as it approaches the hills along the south coast. Crossing this landscape, the visitor's eye is drawn to long lines of small detached houses on either side of the road, evenly spaced with a small gap between. As pieces on a checkerboard, they stand there with no apparent function other than to occupy the land. Deliberately abandoned, these small structures, which only have room for a single bed, have no real use as housing. They have a door and a window, and in most cases a roof, but no one lives there, nor are they likely to do so. The Russians refer to them as 'toilets', their size being roughly equivalent to that of a traditional garden outhouse. However, despite their harmless, almost comic appearance, their real role is more lofty: they exist as testimony, guard-dogs built to lay claim to land which officially belongs to the state. Wandering among these huts conjures up the impression of being in the middle of a vast game of Go, each one akin to a pebble on the board. Yet this particular game concerns a whole people, who play slowly; slowly because they know their most effective weapon: patience.

Reclaiming a village

At Nikita, a village on the coast near Yalta, the entire Tatar population was deported in 1944. The place is now the scene of a Go contest on a grand scale. Property developers are building luxury blocks of flats beside the sea to attract holiday-makers and investors. Large roadside billboards proclaim the beauty of the resort and the luxury of its accommodation. The Tatar community that originally lived here has resettled, illegally, around the historic

rendirent à l'identité tatare un semblant de reconnaissance et de légitimité, un retour vers la Crimée ne fut possible pour la majorité d'entre eux qu'après la chute du Mur, dans les années 1990.

La route qui mène de Simferopol, capitale de la Crimée, à Sébastopol, ville portuaire au passé glorieux, s'élance en droite ligne à travers champs, avant de consentir à quelques virages à l'approche des reliefs déchirés de la côte sud. En traversant ces paysages changeants, on ne peut que remarquer de chaque côté de la chaussée le déroulement de longs chapelets de petites maisons individuelles séparées les unes des autres par une distance presque égale. Telles des pièces sur un échiquier, elles sont posées là et semblent n'avoir d'autre fonction que d'occuper une portion de territoire. Laissées à un abandon tout calculé, ces petites constructions, qui ne pourraient abriter qu'un simple lit, n'ont aucune utilité en tant que logement. Elles ont pourtant portes, fenêtres et un toit pour la plupart d'entre elles, mais personne n'y vit ni ne viendra y vivre. Les Russes les appellent les «cabinets de toilette», leur volume, en effet, rappelant parfois celui des cabinets des jardins de nos grands-parents. Leur rôle est pourtant plus élevé : sous leur aspect anodin, voire ridicule, ce sont des maisons témoins. Des gardiennes construites afin de revendiquer un terrain qui appartient officiellement à l'État. Déambuler entre ces constructions donne l'impression de se retrouver au milieu d'une partie de jeu de go, chaque maison devenant un galet disposé sur le plateau. Une partie à la taille d'un peuple, une partie qui se joue avec la mesure de ceux qui ont pour arme la patience.

Un village à reprendre

Nikita, un village non loin de Yalta, en bord de mer, fut entièrement vidé de sa population tatare lors de la déportation de 1944 et est aujourd'hui le théâtre d'une de ces parties de go à grande échelle. Des promoteurs construisent des immeubles de luxe le long de la côte afin d'attirer touristes et investisseurs. De grands panneaux publicitaires au bord de la route vantent la beauté du site et le luxe des bâtiments. Autour du village historique en pleine mutation s'est installée la communauté non autorisée des Tatars originaires

centre, now the scene of frantic change. This new, disfigured Nikita, which once belonged to them, has been confiscated, handed over to investors and free-market forces. They have recovered a little land on the outskirts, where there are about 30 makeshift houses, only four of which are actually occupied. A little further along, set back from the road, three women and an old man occupy a building a little bigger than the others, watching over a stony field.

The Tatars seem convinced that to regain possession of their land they must proceed in silence, obstinately defying the law in a show of self-denial backed by official procedures and calls for international support. This commitment is particularly apparent among those I call the 'guardians' — forerunners who returned to recolonise their territory, assisted by a determined, well-organised community abroad. The land to which they lay claim has sometimes been recovered and a curtain of silence conceals the source of any help they receive. On the square facing the station in Simferopol, an automated billboard — positioned between two supermarket advertisements — shows a cart carrying deportees, a reminder of the events of 1944. The quality of presentation suggests a professional designer at work and that particular advertising spot must surely be among the most expensive in the city.

At the heart of the community

As passing strangers visiting this settlement we receive a warm welcome. Sticky, sweet coffee is quickly heated on a wood stove used for warmth and cooking. This simple gesture underlines the visibly sparse living conditions. Against one wall a flat-screen television is running on a car battery. But they are proud of such destitution, imposed upon them but also sought. They never miss a chance to point out what they lack and how well they do without. In the course of our conversation it soon emerges that they refuse to steal electricity from the state. The power lines run close to their home and it would be easy to divert part of the current, a common

de ce lieu. Leur Nikita confisquée et défigurée est aujourd'hui offerte aux investisseurs et soumise au libéralisme sauvage. Le terrain reconquis en périphérie compte une bonne trentaine de maisons « prétextes », dont seules quatre sont occupées : les hommes sont absents, ou presque. Plus loin, en retrait, trois femmes et un vieillard occupent une bâtisse à peine plus grande que les autres et surveillent la colonie de pierres. Car les Tatars semblent l'avoir compris : le retour à la terre de leurs ancêtres passera par une reconquête silencieuse, une réappropriation têtue et non autorisée, une abnégation de tous les jours, accompagnée également de démarches officielles et de demandes de soutiens internationaux. Un dévouement que l'on voit tout spécialement chez ceux que j'appellerais les gardiens, avant-garde venue recoloniser le territoire et soutenue par une diaspora décidée et bien organisée. En effet, les terrains revendiqués sont parfois obtenus, et si la discrétion est de mise sur l'origine de l'aide à la communauté, on en voit les effets sous la forme d'une communication bien orchestrée. Sur la place de la gare de Simferopol, un espace publicitaire automatisé à panneaux pivotants laisse voir, entre deux publicités pour des supermarchés, une affiche géante représentant un wagon de déportés qui rappelle les événements de 1944. Le graphisme de l'annonce est vraisemblablement l'œuvre d'un professionnel et l'emplacement choisi est, à n'en pas douter, un des plus chers de la ville.

Au sein de la communauté

L'accueil envers l'étranger de passage venu visiter la colonie illégale est chaleureux. On s'empresse de réchauffer un café trop sucré sur le fourneau à bois qui fait office de chauffage et de cuisinière. On souligne par le geste la simplicité déjà évidente des conditions de vie. Contre un mur, un écran plat de télévision fonctionne sur une batterie de voiture. Ils sont fiers de ce dénuement à la fois subi et voulu. Ils ne manquent pas une occasion de montrer ce qu'ils n'ont pas et comment ils trouvent un moyen de parer au manque. Très vite, dans la conversation, ils mettent en avant le fait qu'ils

Pages from Jiliara's Quran, carefully hidden away by her grandmother during the deportation

practice in shantytowns all over the world. On the contrary, they do not want any trouble with the police, emphasising in the same breath that they would rather not owe anything to the 'occupants', that is, the Russians now living in the houses the Tatars abandoned when they were deported. Their determination is on par with their privation. By avoiding any problems with the Ukrainian police, the Tatars also assert their independence. However, on the surface, peaceful coexistence seems to prevail on both sides, with neither party indulging in direct criticism. All of the Russians and Ukrainians we talked to claimed to be on good, albeit distant terms with the Tatars. They acknowledged the other's qualities in an effort to show how open-minded they were. As for the Tatars, they claimed not to encounter any particular difficulties with the local population. The various communities seem to be locked in a sort of mute stand-off, with no space for open criticism.

Jiliara, a young woman of about 30 belonging to the small Nikita community, told us about her son Elias who goes to the state school every day. He is the only Tatar in his class and, she claims, he has no particular problems with his classmates. Elvira, 70, shows us the photographs she keeps in a cardboard box. Here are her children, two boys, one now working in Moscow, the other living in Kazakhstan. She also tells us her own story and what happened during the deportation, when she was still a child …

One day in May 1944 the soldiers arrived before dawn and herded everyone into the local school. At 3am they received orders to gather their belongings for a journey that would last 18 days, with no one knowing where they were going. She recalls her aunt telling her mother there was no point making any preparations, because in any case they would be executed. Her aunt turned out to be mistaken: execution was not on the agenda. But those who did pack their bags never found them again when they left the train in Uzbekistan, or anywhere else for that matter. The deportees were packed into cattle trucks, a means of transport favoured by both the Soviet and Nazi authorities to displace unwanted minorities. The only item some families managed to keep was a copy of

ne volent pas l'électricité appartenant à l'État. Les câbles passent pourtant à proximité et il serait aisé de piquer en douce une partie du courant, comme on le voit partout dans nombre de bidonvilles de par le monde. Non, ils ne veulent pas de problème avec la police et, par la même occasion, ils soulignent là leur volonté de ne rien devoir à l'« occupant » : les Russes qui vivent aujourd'hui dans les maisons abandonnées lors de leur déportation. Leur détermination est à la hauteur de leurs privations. Tout en évitant des problèmes avec la police ukrainienne, les Tatars revendiquent par là même leur indépendance. Pourtant, en surface, c'est la cohabitation amicale qui règne : d'un côté comme de l'autre, on ne se permet pas de critiquer de front. Chaque Russe, chaque Ukrainien rencontré rappelle à l'envi qu'il entretient des relations normales, quoique distantes, avec les Tatars. On leur reconnaîtra des qualités afin de montrer son ouverture et se ménager un espace de critique en contrepartie. De leur côté, les Tatars affirment volontiers ne pas rencontrer de difficultés particulières avec la population présente. On se regarde en chien de faïence, on se critique à peine, l'air de rien.

Jiliara, une trentaine d'années, la plus jeune femme de la petite communauté de Nikita, parle de son fils Élias qui va à l'école publique tous les jours. Il est le seul Tatar de sa classe et, selon elle, il ne rencontre pas de problème particulier auprès de ses camarades. Elvira, une septuagénaire au caractère bien trempé, m'apporte une série de photographies qu'elle sort d'un vieux carton. Elle montre ses enfants, deux garçons : l'un travaille à Moscou, l'autre vit au Kazakhstan. Elle raconte aussi sa vie, et la déportation qu'elle a vécue enfant. Ce jour de mai 1944 où les soldats vinrent avant l'aube parquer les gens dans l'école du quartier. Ce jour où, à trois heures du matin, ils reçurent l'ordre de préparer leurs affaires pour un voyage de 18 jours dont personne ne connaissait la destination. Elle se rappelle sa tante disant à sa mère qu'il ne servait à rien de préparer quoi que ce soit, que de toute façon ils seraient exécutés. La tante avait tort sur un point essentiel, l'exécution n'était pas à l'ordre du jour ; mais il est vrai que ceux qui avaient préparé leurs bagages ne les ont pas retrouvés à la sortie du train en Ouzbékistan

the Quran, well hidden on their person. They still have the same volume today, carefully preserved, wrapped in a piece of cloth and placed in a bag hanging on the wall. It is the most valuable object in the home, an enduring testimony to their faith. Generally printed in Arabic it is quite inaccessible to most Tatars, who open the holy book very rarely, respectfully turning the pages, unable to understand the words before them.

Deportations were common at the end of the Second World War and the Tatars, as many other peoples in the Soviet Union, bore the brunt of Stalin's policies. Their religion, stifled during the Soviet era, has emerged again as a powerful emblem of identity, after being effectively muzzled for years, giving the Muslim peoples a powerful link which defies political borders and appears stronger than a fragile, battered national identity.

The guardian of the mosque

Russians and Ukrainians, though not existing in perfect harmony, are responding to the return of the Tatars, and the resurgence of their religion, by drawing upon what unites them. On hilltops taken over by a huddle of ramshackle buildings, it is increasingly common to see a Christian cross raised in defiance of the silent encroachment. Rarely seen elsewhere, crosses are evidently placed in reaction to the presence of Tatar buildings left in a state of studied abandon. It could be that ethnic tensions will find their expression in the two religions practised in this land.

Numerous mosques destroyed during the Soviet era are now being restored or rescued from oblivion, while others are being built or waiting to be built. A typical sight is one such as the new mosque at Simferopol, currently no more than a tent facing Mecca. It has a few mats on which the faithful can kneel and, against the side of the tent, an elevation drawing of the proposed mosque.

Adim, the official caretaker of the mosque, lives in a caravan beside the main road. He was originally hired to work on the building site, but administrative hassles prevented construction work. Adim stayed on, earning a small wage for watching over

ou ailleurs. Les déportés étaient entassés dans des wagons à bestiaux, selon un mode de transport prisé autant par les Soviétiques que par les nazis en ce qui concerne le déplacement des minorités indésirables. La seule chose que certaines familles ont pu préserver est un exemplaire du Coran qui voyageait caché sous un manteau. Un volume aujourd'hui conservé précieusement, enveloppé dans un morceau de drap, placé dans un sac à main accroché à un mur de la pièce. Il est l'élément le plus précieux du foyer, témoin inestimable et livre de foi. Souvent imprimé dans sa version arabe, il reste illisible pour la plupart des Tatars qui le déballent en de rares occasions et feuillettent avec respect et retenue les pages du livre sacré qu'ils ne peuvent pas comprendre dans sa langue d'origine.

Les déportations ont été monnaie courante à la fin de la Deuxième Guerre mondiale, et les Tatars, comme bien d'autres peuples d'Union soviétique, ont fait les frais de la politique de Staline en la matière. La religion bâillonnée pendant l'époque communiste est aujourd'hui un signe fort d'appartenance : les peuples musulmans muselés pendant des années bénéficient d'un lien qui ne connaît pas les frontières et semble plus solide qu'une identité nationale fragile et malmenée.

Le gardien de la mosquée

Si les religions ont été étouffées pendant longtemps, leur retour n'est pas visible seulement chez les musulmans. En réponse à la concorde islamique qui s'affirme, Russes et Ukrainiens, à défaut d'une entente sans taches, répondent à leur manière, et par ce qui les unit, au retour des Tatars. Il n'est pas rare de voir au sommet d'une colline prise d'assaut par une cohorte de bâtisses branlantes, une croix chrétienne qui semble défier l'avancée silencieuse. Peu présentes en d'autres lieux, des croix sont visiblement placées là en réponse à la présence des constructions tatares laissées à un savant abandon. Les tensions ethniques pourront connaître leur expression dans les deux religions pratiquées sur la terre de leurs fidèles respectifs. De nombreuses mosquées détruites durant l'époque soviétique resurgissent maintenant des gravats ou de l'oubli, d'autres se

the stones which may one day become the pride of his community. Like so many other Tatars, he too is a warden, a guardian of the stones with which the next generations will attempt to build their futures.

 Alban Kakulya is a photographer and writer based in Switzerland.

construisent ou attendent de l'être, à l'image de la nouvelle mosquée de Simferopol : pour l'instant, une simple tente placée en direction de La Mecque. Quelques tapis qui accueillent les genoux des fidèles et, contre la paroi de toile, un plan en élévation de la mosquée en devenir. Adim en est le gardien officiel et vit dans une caravane garée de long de la nationale. Ouvrier, il avait été engagé sur le chantier, mais des tracasseries administratives vinrent empêcher l'érection du saint édifice. Adim est resté, en échange d'un petit salaire, pour surveiller les pierres qui feront peut-être un jour la fierté de sa communauté. Comme tant d'autres Tatars, il est devenu gardien. Gardien des pierres sur lesquelles les nouvelles générations tenteront de reprendre racine.

 Alban Kakulya est un photographe et écrivain basé en Suisse.

Tatars

An unofficial Tatar settlement near Yalta. At the top of
the hill, a Christian cross stands in defiance

A typical 'house' from an unofficial Tatar settlement
in the Simferopol region

Adim watches over the spot where the Tatars plan to build
a mosque, in the suburbs of Simferopol

Elvira and Jiliara, guardian of the settlement, walk through
Nikita, an unofficial Tatar community near Yalta

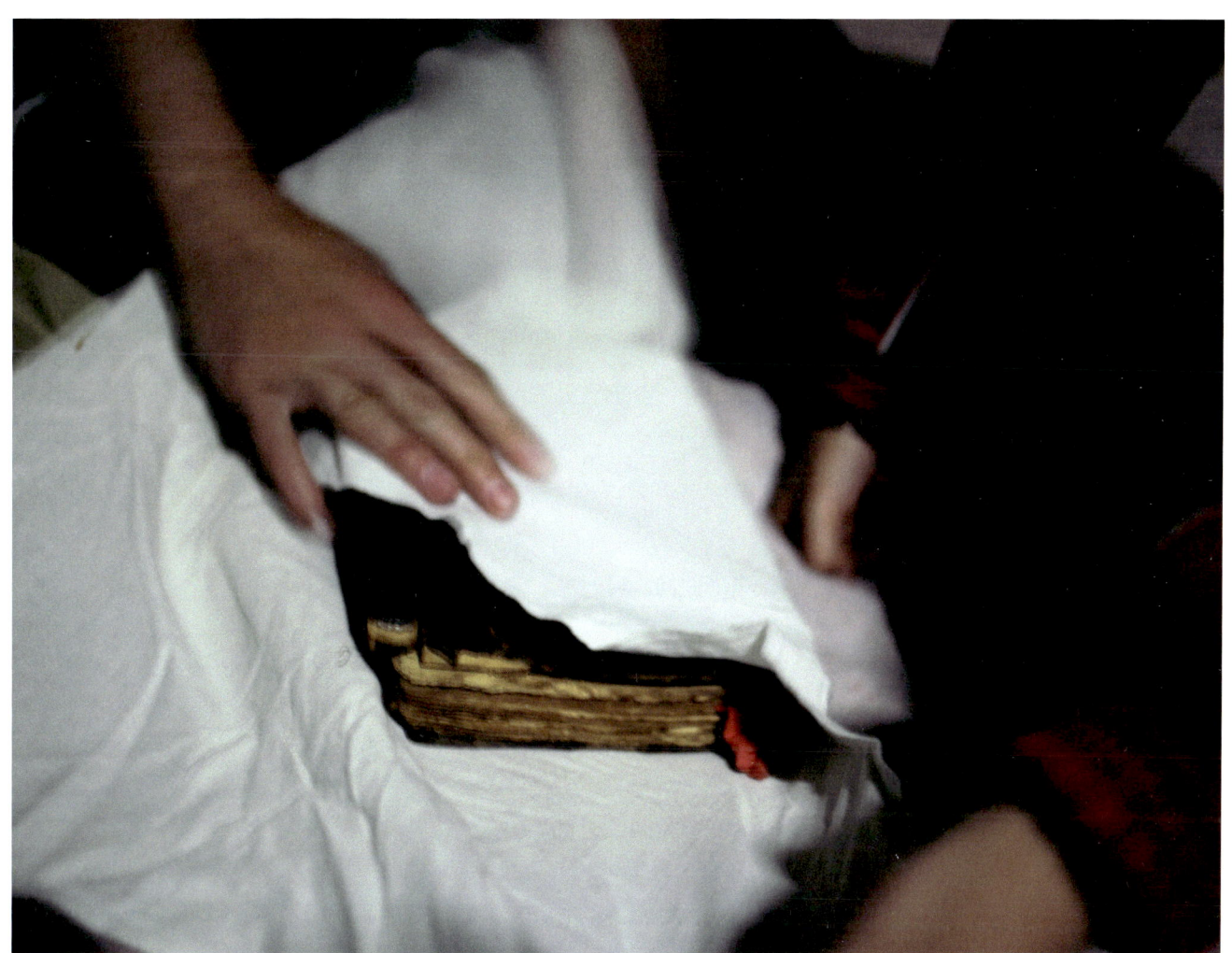

The interior of Elvira's home with a Muslim calendar on the wall

Previous pages: Jiliara and her son Elias uncover the Quran her grandmother hid in her coat during the 1944 deportation

Nikita in the mist

Elvira reads by candlelight in her home

Elvira and Jiliara. Jiliara's husband Ali, in the background, is the only man active in the community

Previous page: The sticky, sweet coffee served to visitors

Edaviye takes care of her goats in the early morning light

Achtem tends to his garden

24 × 30

Россия

Костюм и комбин.
(если можно)

в Пружаны
Анна

№ 10

Tatar settlement in Nikita

Previous pages: Jiliara shows the back of a photograph of her grandfather, the only surviving memento she has of him since his death after the deportation; A patch of grass is flattened and abandoned by a passing goat

Published by Foto8 Ltd in association with
Zoï Environment Network

Zoï Environment Network:
Christina Stuhlberger, Otto Simonett,
Nickolai Denisov, Sergey Karpenko

Editor: Lauren Heinz
Project manager: Anna Pfab

All photographs © Alban Kakulya
Environment and Security in Crimea © Otto Simonett
Guardians of the Stones © Alban Kakulya
Translation into English: Harry Forster and Sheila Carrodus
Translation into French: Harry Forster

Design: Jenny Eneqvist
Printing: Grammlich Karl GmbH

Zoï Environment Network
International Environment House
Chemin de Balexert 9, 1219 Châtelaine, Geneva, Switzerland
T. +41 (0) 22 917 83 42, enzoi@zoinet.org, www.zoinet.org

Distributed by Foto8 Ltd
1 Honduras Street, London EC1Y 0TH, United Kingdom
T. +44 (0) 207 253 8801, www.foto8.com

All rights reserved. No part of this publication may
be reproduced, transmitted or stored in a retrieval system,
in any form or by any means, electronic, mechanical,
photocopying, recording or otherwise, without permission
in writing from the publisher.

ISBN 978-0-9559580-6-9